Ludwig Tieck

DER BLONDE ECKBERT

von Achim Seiffarth

Redaktion : Renate Roettgen, Jacqueline Tschiesche
Computerlayout : Sara Blasigh
Projektleitung und Graphik : Nadia Maestri
Illustrationen: Ivan Canu

© 2003 Cideb Editrice, Genua

Erstausgabe. März 2003

Bildnachweis:
Seite 30: Hamburger Kunsthalle, Hamburg

Trotz intensiver Bemühungen konnten nicht alle Inhaber von Text- und Bildrechten
ausfindig gemacht werden. Für entsprechende Hinweise ist der Verlag dankbar.

Wir würden uns freuen, von Ihnen zu erfahren, ob Ihnen dieses Buch gefallen hat.
Wenn Sie uns Ihre Eindrücke mitteilen oder Verbesserungsvorschläge machen
möchten, oder wenn Sie Informationen über unsere Verlagsproduktion wünschen,
schreiben Sie bitte an:
e-mail: redaktion@cideb.it
www.cideb.it

ISBN 88-7754-957-2 Buch
ISBN 88-7754-958-0 Buch + CD

Gedruckt in Genua, Italien, bei Litoprint

INHALT

Wer ist Ludwig Tieck?   5

KAPITEL **1**   FREUNDE   8

KAPITEL **2**   WEG VON ZU HAUSE!   11
ÜBUNGEN   15
Der Harz   17

KAPITEL **3**   DIE ALTE   20

KAPITEL **4**   BIN ICH WACH ODER TRÄUME ICH?   24
ÜBUNGEN   26
Waldeinsamkeit – ist das romantisch?   29

KAPITEL **5**   ALLEIN   32
ÜBUNGEN   36

KAPITEL **6** GUT UND BÖSE 40
ÜBUNGEN 43

KAPITEL **7** DAS HAUS DER ELTERN 46
ÜBUNGEN 48

KAPITEL **8** REUE 51
ÜBUNGEN 54
Goslar 56

KAPITEL **9** WAS WEIß WALTHER? 59
ÜBUNGEN 63

KAPITEL **10** EIN NEUER FREUND 68
ÜBUNGEN 70

KAPITEL **11** NUR FORT ... 73
ÜBUNGEN 76

Die CD enthält den
kompletten Text.

Wer ist Ludwig Tieck?

1773 wird Tieck als Sohn eines Berliner Handwerksmeisters geboren. Schon als Gymnasiast verdient Ludwig Geld mit dem Schreiben. Er arbeitet an Romanserien mit – schreibt, wie man heute sagt, Trivialliteratur. Sein Vater will, dass der Junge Theologie studiert, ein Brotstudium. Tieck geht als Student nach Halle, dann nach Göttingen und nach Erlangen. Aber er studiert nicht, er schreibt. Schon nach zwei Jahren, 1794, gibt er das Studium auf und kehrt als Schriftsteller nach Berlin zurück. Um ihn und seine Schwester bildet sich ein literarischer Kreis.

1794 heiratet Tieck. Er kennt Amalie, seine Frau, noch aus der Schulzeit. Sie versteht ihn und seine Kunst nicht. In Tiecks literarischem Kreis stört sie, seinen Freunden hat sie nichts zu sagen. Tieck und sie haben mehrere „Affären". Einmal sehen sie sich länger als ein Jahr nicht. Aber sie bleiben verheiratet.

1796 veröffentlicht Tieck das erste große Manifest der Romantik. Geschrieben hat es sein Freund Wackenroder. Aber auch Tieck soll seinen Anteil an dem Text haben. Tieck befreundet sich mit Novalis. Später träumt Novalis vom christlichen Mittelalter. Tieck nicht. Er befreundet sich mit den

Gebrüdern Schlegel. Aber für ihre theoretischen Interessen hat er kein Verständnis. Die Schlegels, wie viele andere Romantiker, treten später zum Katholizismus über. Tieck denkt nicht daran.

1803 lernt Tieck, Gast einer Adelsfamilie, die Liebe seines Lebens kennen: Henriette von Finkelstein. In Dresden und in Berlin leben die beiden zusammen – mit Tiecks Frau. In Dresden und in Berlin spricht man über die seltsame Ménage à trois, aber niemand weiß Genaues. Das ist bis heute nicht anders, denn Tiecks Tochter hat Ludwigs Korrespondenz mit Henriette verbrannt.

Tieck braucht immer Geld. *Tieck isst Spargel und trinkt Champagner*, sagt man. Er will im Voraus für noch nicht geschriebene Bücher bezahlt werden. Immer wieder bittet er Freunde und Bekannte um Geld. Er ist als Schnorrer1 bekannt. *Pass auf, wenn Tieck Dich besucht*, schreibt Bettina von Brentano. *Leih ihm nichts!*

Tieck schreibt viel. Er schreibt Romane, Märchen, Novellen. Er schreibt auch Theaterstücke. Tieck spielt mit den literarischen Formen. Dabei macht er die Themen der Romantik populär und man sieht in ihm den Vertreter einer trivialisierten Romantik. Tatsächlich spielen in *Der blonde Eckbert* um *Waldeinsamkeit* und *Mittelalter* eine wichtige Rolle. Aber welche Funktion haben sie in diesem irritierenden Märchen? Steht das Wunderbare im Mittelpunkt, oder geht es um Angst und Gefahr?

1853 stirbt Tieck, achtzig Jahre alt, in Berlin. *Der König der Romantik ist tot*, heißt es.

1. **r Schnorrer(=)** : jemand, der immer von anderen Leuten Geld will.

Zum Verständnis

1 **Daten und Fakten**

  a. Welche wichtigen Romantiker hat Tieck kennen gelernt?
  Zur Geschichte:
  b. Welche historischen Ereignisse haben zu Tiecks Lebzeiten
  stattgefunden?
  Revolutionen:
  Kriege:
  Welche Verkehrs- und Kommunikationsmittel verbreiten
  sich in dieser Zeit?
  Wer regiert in Frankreich und Deutschland, als Tieck stirbt?
  c. Zur Literaturgeschichte: Welche literarischen Bewegungen
  sind zu Tiecks Lebzeiten dominant? Kannst du wichtige
  Schriftsteller/innen, auch aus deinem Heimatland nennen?

2 **Erkläre die folgenden Wörter:**

  a. Brotstudium **b.** Schnorrer **c.** Vorschuss **d.** Handwerker

3 **Tieck lebt als Schriftsteller**

Das ist in Deutschland zu seiner Zeit nicht die Regel. Andere
Schriftsteller bekommen Geld vom Staat (Minister Goethe)
oder suchen eine Anstellung (wie E.T.A. Hoffmann). Viele
haben eine reiche Familie (Novalis, Brentano). Wann gibt es
in deinem Heimatland die ersten freien Schriftsteller/innen?
Wovon leben die berühmtesten Schriftsteller der Zeit?

KAPITEL 1

FREUNDE

E ckbert ist vierzig Jahre alt. Er ist mittelgroß [1] und mager. Eckbert lebt im Harz.

Er lebt dort mit seiner Frau Bertha auf einer kleinen Burg [2].

Sie lieben sich sehr. Sie möchten auch gern Kinder, sagen sie. Aber sie bekommen keine.

Sie sind oft allein.

Selten kommen Gäste auf die Burg.

Eckbert ist nett zu seinen Gästen, aber nicht mehr.

Man findet ihn reserviert. Man sagt, er ist melancholisch.

Nur ein Mann kommt öfter zu Besuch.

Er heißt Walther. Mit ihm versteht sich Eckbert gut. Sie kennen sich seit Jahren.

Walther kommt aus Franken. Er interessiert sich für

---

1. **mittelgroß** : nicht groß und nicht klein.
2. **e Burg (en)** : großes Haus, defensiv konstruiert, mit Turm.

Botanik und für Mineralien. Oft gehen er und Eckbert spazieren. Sind sie Freunde?

„Einem Freund erzählt man alles", denkt Eckbert, „auch Geheimnisse [1]."

Eines Abends sitzen Walther, Eckbert und Bertha zusammen am Kamin.

„Bertha will dir etwas erzählen", sagt Eckbert. „Niemand kennt unser Geheimnis. Aber du bist unser Freund. Du sollst alles erfahren [2]."

---

1. **s Geheimnis(se)** : ist etwas, was ich niemandem sage.
2. **erfahren** : wissen.

KAPITEL 2

WEG VON ZU HAUSE!

I ch will mit meiner Kindheit beginnen", sagt Bertha.
„Denn alles hat da seinen Anfang.
Denken Sie sich das Leben eines Kindes armer Leute
auf dem Lande.
Die Eltern wissen oft nicht, woher sie abends das Brot
nehmen sollen.

Sie sind immer müde, sie haben zu viele Sorgen [1]. Es
gibt oft Streit [2].

Was sagen diese Eltern zu einem Kind, das nichts
Praktisches lernt und ihnen bei der Hausarbeit nicht helfen
kann?

So ein Kind bin ich.

„Du bist zu nichts gut," sagt mein Vater immer wieder.
„Alle Kinder lernen etwas, helfen im Haus. Nur du spielst
hier die Prinzessin. Das kann nicht so bleiben."

---

1. **e Sorge(n)** : Probleme, Gedanken.
2. **r Streit** : r Konflikt.

Er schlägt [1] mich. Er schlägt mich jeden Tag.

Eines Tages wird es mir zu viel. Ich stehe am frühen Morgen auf und gehe aus dem Haus. Ich gehe schnell, ich laufe, laufe immer weiter, ohne Pause.

Ich komme durch einen Wald.

Hinter dem Wald ist ein Gebirge. Ich kenne die Berge nicht. Sie machen mir Angst.

Aber die Angst vor meinem Vater ist größer.

Am Nachmittag komme ich in ein Dorf. Ich habe Hunger und Durst.

Ich bettele [2]. Die Leute fragen, woher ich komme und wer ich bin. Ich lüge [3] sie an. Sicher sucht mich mein Vater.

Nachts schlafe ich im Wald. Es ist Sommer und nicht zu kalt. So komme ich weiter.

Aber nach drei oder vier Tagen sehe ich keine Dörfer mehr.

Allein gehe ich durch die Berge.

Nachts schlafe ich schlecht. Was höre ich da? Wölfe, Bären, den Wind?

Auch am Tag treffe ich keinen Menschen. Ich bin ganz allein.

---

1. **schlagen** : Aggression mit der Hand.
2. **betteln** : um Geld (Almosen) bitten.
3. **lügen** : Falsches sagen.

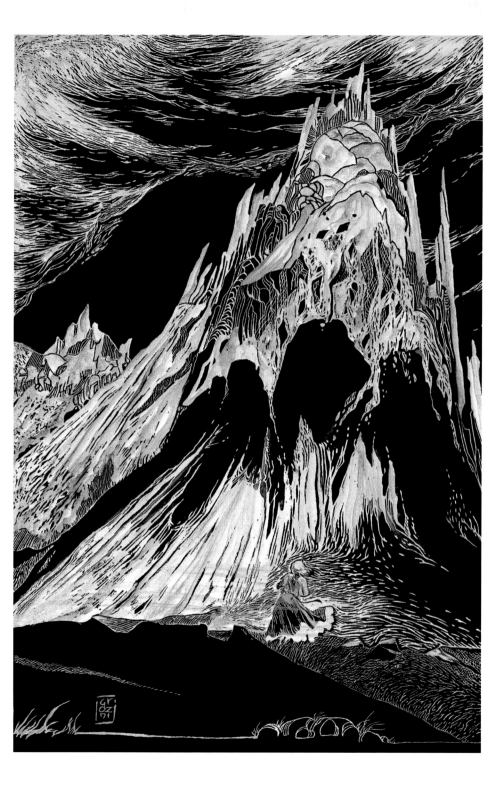

Ich rufe laut. Nur das Echo antwortet mir.

Ich besteige [1] einen hohen [2] Berg.

Ich denke: „Von dort kann ich sehen, wo Menschen leben."

Aber dort oben sehe ich nichts: kein Haus, keinen Menschen. Es gibt da auch keine Pflanzen mehr. Ich weine. Ich kann nicht mehr.

Ich habe Hunger. Ich bin müde. Ich weiß nicht weiter.

Aber ich will leben. Ich gehe weiter, einen ganzen Tag lang. Ich habe Angst vor dem Tod.

Abends habe ich keine Kraft [3] mehr. Aber ich komme jetzt wieder durch Wälder und Gärten.

Ich höre Wasser rauschen.

Ich gehe schneller.

Wo es Wasser gibt, denke ich, gibt es auch Menschen."

---

1. **besteigen** : nach oben gehen, hinaufgehen.
2. **hohen** : Deklinationsform von hoch (groß).
3. **e Kraft("e)** : Energie.

Zum Verständnis

1 **Identikit – Wer sind die Leute? Wie sehen Sie aus? Ergänze:**

1. **Was weißt du von Eckbert?**
   a. Eckbert .... blond.
   b. Er ist .... (groß / klein / nicht groß und nicht klein).
   c. Er ist .... Jahre alt.
   d. Er ist mit .... verheiratet und .... auf einer Burg.

2. **Was weißt du von Walther?**
   a. Seine Hobbys ....: Botanik und Mineralien.
   b. Er kommt ....

3. **Was kannst du über Bertha sagen?**
   a. Sie .... Eckbert.
   b. Sie .... Kinder.
   c. Ihre Eltern .... arm.
   d. Als Kind .... sie von zu Hause weg.
   e. Ihr Vater .... sie oft.

2 **Bertha läuft von zu Hause weg. Was ist richtig?**

1. Sie kommt ...
   a. in ein Dorf und dann durch ein Gebirge.
   b. in einen Wald und trifft da Leute.
   c. in einen Wald und dann in ein Gebirge.
   d. durch ein Gebirge und dann an einen See.

2. Sie trifft Leute.
   a. Sie bittet sie um Geld.
   b. Sie fragt sie nach dem Weg.
   c. Sie erklärt ihnen ihre Lage (Situation)
   d. Sie will bei den Leuten schlafen.

3. Dann trifft sie keine Leute mehr. Was tut sie?

   a. Sie geht zurück ins Dorf.

   b. Sie legt sich schlafen und denkt, am nächsten Morgen wird alles besser.

   c. Sie steigt auf einen Berg, denn sie will sich orientieren.

   d. Sie steigt auf einen Berg, denn sie denkt, da gibt es Leute.

Literatur: Was ist richtig?

3 Eckbert und Bertha leben auf einer Burg.

   1. In welcher Zeit spielt die Geschichte?

      a. Vorgeschichte

      b. Mittelalter

      c. Industrialisierung

   2. Für welche literarische Tendenz ist das typisch?

      a. Romantik

      b. Naturalismus

      c. Klassik

      d. Expressionismus

Die Atmosphäre

4 Wie ist die Atmosphäre auf der Burg? Welche Elemente spielen hier zusammen?

DER HARZ

D ie Berge im Harz sind nicht hoch.
Im Mittelalter wohnt noch niemand im Harz.
Die Berge sind wild, und die Wälder sind dunkel. Aber man findet Silber (Ag) und Eisen (Fe) dort, legt Minen an. Immer mehr Menschen leben und arbeiten im Harz.

In Minen (Bergwerken) wohnen Geister: Metallgeister, Gewässergeister, Berggeister.

In deutschen Sagen und Legenden ist der Harz schon immer von

Im Bergwerk

*Walpurgisnacht
in Goethes Faust.*

Leuten bewohnt, die kein ganz normales Leben führen.

Der Teufel hat hier eine lange Mauer hinterlassen. Hier und da hat man Werwölfe gesehen. Einmal im Jahr kommen Hexen aus ganz Deutschland hierher: in der Nacht vom 30. April zum 1. Mai, der Walpurgisnacht, tanzen sie auf dem Teufelstanzplatz oder auf dem Brocken, einem 1142 m hohen Berg, auf dem es auch einen Hexenaltar gibt. Riesen (sehr sehr große Leute) und Zwerge (sehr sehr

Barbarossa

kleine Leute) soll es gegeben haben. In den großen Höhlen bei Rübeland kann man noch versteinerte Zwerge sehen, wenn man will. In der Nähe liegt der Kyffhäuser, ein kleines Gebirge. Friedrich Barbarossa soll dort in einem Berg schlafen. Wenn er aufsteht, wird Deutschland wieder groß, hat man im neunzehnten Jahrhundert oft geschrieben. Er muss schon ziemlich alt sein.

1 **Wer tut was? Geister, Werwölfe oder Hexen?**

1. nachts spazieren gehen und heulen („uuuuuhuuuu"),
2. um Mitternacht ins Wohnzimmer kommen,
3. durch die Luft fliegen,
4. an die Tür klopfen,
5. Cocktails mixen,
6. nachts tanzen,
7. vor der Tür warten, bis du kommst,
8. mit anderen (in Gruppen) spazieren gehen

Wer (Geister, Werwölfe oder Hexen) ...

kann sich nicht im Spiegel sehen?
hat tagsüber eine normale Identität?
will kein Kreuz sehen?
wird mehr als 500 Jahre alt?

2 **Was meinst du?**

1. Geister, Werwölfe und Hexen gibt es nicht.
2. Geister, Werwölfe und Hexen gibt es nicht. Aber allein im Wald habe ich doch Angst vor ihnen.
3. Ich denke, es gibt Geister, Werwölfe und Hexen.
4. Ich bin sicher, es gibt Geister, Werwölfe und Hexen.
5. Ich habe schon einmal Geister, Werwölfe oder Hexen gesehen.
6. Ich sehe täglich (bei mir zu Hause/in der Schule/im Bus) Geister, Werwölfe und/oder Hexen.
7. Ich bin selbst ein Geist, Werwolf und/oder eine Hexe.

KAPITEL 3

DIE ÄLTE

Endlich komme ich an einen Wasserfall. Noch immer sehe ich kein Haus. Ich trinke aus dem Bach. Da höre ich etwas. Singt da jemand [1]? Hinter mir, ein paar hundert Meter weiter, steht eine alte Frau. Sie geht am Stock [2]. Sie trägt einen schwarzen Mantel. Sie singt Kirchenlieder [3]. Ich gehe zu ihr und bitte sie um Hilfe.

„Setz dich, mein Kind", sagt sie. Sie gibt mir Brot und etwas Wein.

Dann singt sie weiter. Sie singt schlecht, die alte Frau.

„Komm doch mit, mein Kind", sagt sie dann zu mir.

„Ja", sage ich. „Gerne."

Sie ist seltsam [4], aber ich habe keine Angst.

Sie geht schnell.

Der Weg durch den Wald ist lang. Aber langsam wird

---

1. **jemand** : eine Person.
2. **r Stock("e)** : mit dem Stock schlägt man andere, oder man geht damit.
3. **s Kirchenlied(er)** : religiöser Gesang.
4. **seltsam**: nicht normal.

alles freundlicher. Am Abend kommen wir aus dem Wald. Die Sonne geht unter.

Die Bäume, alle Pflanzen, alles liegt rot und golden vor mir.

„Das ist das Paradies", denke ich. „Jetzt weiß ich, was Leben ist."

Wir kommen an ein kleines Haus. Ich höre einen Hund bellen [1]. Er kommt, läuft zu der Alten, springt an meinen Beinen hoch.

Ich höre jemanden singen. Er singt sehr schön. Ist das ein Vogel?

Waldeinsamkeit [2],
Die mich erfreut [3],
So morgen wie heut
In ewiger Zeit [4],
O wie mich freut
Waldeinsamkeit.

Zusammen mit der Alten gehe ich in das Haus.

Es ist sehr ordentlich. Am Fenster hängt ein Vogelkäfig [5]. Der Vogel singt immer weiter, immer dieselben Worte.

Die Alte setzt sich. Sie sagt nichts, sie ist sehr müde.

1. **bellen** : wau-wau macht der Hund.
2. **Waldeinsamkeit** : das Alleinsein im Wald.
3. **erfreut mich** : gefällt mir.
4. **in ewiger Zeit** : immer.
5. **r Vogel(")** : macht piep und fliegt; **r Käfig(e)** : Vögel und Tiere im Zoo sind im K.

Sie spricht mit dem Vogel, streichelt [1] den Hund.

Dann macht sie endlich Licht.

Sie deckt den Tisch. „Setz dich", sagt sie.

Sie faltet [2] ihre alten, mageren Hände und betet [3].

1. **streicheln** : mit der Hand langsam über den Körper gehen.
2. **falten** : zusammenlegen.
3. **beten** : zu Gott sprechen.

Sie sieht komisch aus, aber ich weiß, ich darf nicht lachen.

Nach dem Essen betet sie noch einmal.

Dann führt sie mich in eine kleine Kammer [1].

„Hier kannst du schlafen", sagt sie. Sie selbst schläft in der Stube [2].

---

1. **e Kammer (n)** : s kleine Zimmer.
2. **e Stube (n)** : Zimmer, wo man isst etc.

KAPITEL 4

BIN ICH WACH ODER TRÄUME ICH?

I n der Nacht schlafe ich nicht gut.
Ich wache oft auf. Dann höre ich den Vogel singen und die Alte mit dem Hund sprechen. Bin ich wach, oder träume [1] ich?

Am Morgen weckt mich die Alte.
„Hilf mir ein wenig im Haus", sagt sie.
Ich muss sauber machen, muss Hund und Vogel füttern [2].
Die Arbeit ist nicht schwer [3]. Ich lerne schnell, es ist ja auch immer dasselbe.

Schon nach wenigen Tagen frage ich nicht mehr: „Wo bin ich? Seit wann bin ich hier?"

---

1. **träumen** : im Schlaf träumen wir.
2. **füttern** : Essen (Fressen) geben.
3. **nicht schwer** : das kann ein kleines Mädchen.

Ich sehe sonst keinen Menschen, immer nur die Alte, den Hund, den Vogel, das Haus.

All das finde ich jetzt schon ganz natürlich.

Der Vogel ist sehr schön, hellblau und rot.

Oft geht die Alte morgens aus dem Haus und kommt erst abends wieder.

Dann bin ich mit dem Vogel und dem Hund allein. Wir leben wie alte Freunde zusammen.

Ich sehe sie noch vor mir. Ich denke oft an sie. Nur den Namen des Hundes, den weiß ich nicht mehr. Seltsam.

Abends ist die Alte sehr nett zu mir. Sie nennt mich „mein Kind" und „meine Tochter".
Bei ihr lerne ich schreiben und lesen.
Sie gibt mir Bücher, sehr alte Bücher.

Täglich lese ich in diesen Büchern, denn ich bin viel allein.

Seltsame Geschichten lese ich da.

Zum Verständnis

1 **Wer und wie ist und was macht die alte Frau? – Ergänze:**

1. Bertha .... die Alte .... einem Bach.

2. Die alte Frau .... schwarz gekleidet.

3. Die alte Frau .... schlecht.

4. Die Alte .... Bertha Brot und Wein.

5. Die Alte .... Bertha mit zu sich nach Hause.

6. Die Alte .... in einem kleinen Haus.

7. Ihr Hund .... und ihr Vogel .... immer.

8. Die Alte .... in der Stube.

9. Die Alte .... einen Hund und der heißt ...

2 **Und die Details? Was ist richtig?**

1. Bertha geht mit der Alten.
    a. Dann kommen sie in einen Wald, wo ein Vogel singt.
    b. Dann kommen sie aus dem Wald heraus und ein Vogel singt.
    c. Die Alte und ihr Hund bringen Bertha zu einem Haus.
    d. Ein Hund springt hinter Bertha her und dann kommen sie aus dem Wald.

2. Die Alte geht mit Bertha ins Haus.
    a. Sie gibt ihr sofort etwas zu essen.
    b. Sie setzt sich und macht eine Pause. Dann essen sie.
    c. Sie legen sich erstmal schlafen, denn sie sind sehr müde.
    d. Die Alte spricht im Dunkeln mit dem Vogel. Essen will sie nicht.

3. Bertha bleibt bei der Alten.
    a. Sie muss aber viel arbeiten.
    b. Die alte Frau ist aber oft böse zu ihr.

    c. Die alte Frau gibt ihr viel zu essen, denn zu Weihnachten will sie Bertha grillen.

    d. Bertha soll für die alte Frau arbeiten, aber nicht sehr viel.

4. Was singt der seltsame Vogel?

    a. Er ist allein im Wald, aber morgen kommt jemand. Das findet der Vogel schön.

    b. Er ist allein im Wald. Das findet der Vogel schön. Das bleibt auch so.

---

3 **Immer der Reihe nach: Was macht die Alte erst, was macht sie dann? Nummeriere in zeitlicher Folge:**

☐ Sie macht das Licht an.

☐ Sie schläft.

☐ Sie betet.

☒ 1 Sie sitzt im Dunkeln und sagt nichts.

☐ Sie bringt Bertha in ein Zimmer.

☐ Sie deckt den Tisch.

Du kannst auch sagen: Erst sitzt sie im Dunkeln, ...*dann*......
Schreibe 4 Sätze (und vergiss die Inversion nicht)!

4 **Was ist was? Geographie für Anfänger.**

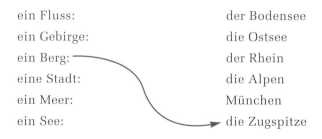

ein Fluss:	der Bodensee
ein Gebirge:	die Ostsee
ein Berg:	der Rhein
eine Stadt:	die Alpen
ein Meer:	München
ein See:	die Zugspitze

Das kann man auch spielen. Das Spiel heißt Stadt–Land–Fluss. Das geht so: Man macht eine Tabelle. Eine Person sagt einen Buchstaben, zum Beispiel „A". Die Mitspieler/innen schreiben in ihre Tabelle Namen, die mit A anfangen.

Stadt	Land	Staat	Fluss
A Aachen	Anhalt	Afghanistan	Arno

Und jetzt bist du dran:

Stadt	Land	Staat	Fluss
S...............	S...............	S...............	S...............
D...............	D...............	D...............	D...............
H...............	H...............	H...............	H...............
N...............	N...............	N...............	N...............

Das ist natürlich schwer. Deshalb gibt es hier eine Liste.

Duisburg – Havel – Niedersachsen – Hessen – Nil –
Neuguinea – Schleswig.-Holstein – Südafrika –
Neubrandenburg – Honduras – Bochum – Brasilien –
Bayern – Stuttgart – Neiße – Hannover – die Saale –
die Donau – Dänemark – der Neckar – die Spree

Zu einigen Kategorien gibt es zwei Namen, zu einer keinen. Es gibt natürlich viele Varianten zu diesem Spiel. Du kannst auch nach Namen von Komponisten und Schriftstellern fragen ...

WALDEINSAMKEIT IST DAS ROMANTISCH?

B ertha geht mit der Alten mit. Sie hat keine Angst. Sie sieht das Rot und Gold der herbstlichen Natur. Jetzt verstehe ich das Leben, denkt sie.

Dem Vogel gefällt das Leben im Haus der Alten. Er, die Alte und der Hund leben hier und treffen keinen Menschen – nur Bertha. Sie leben in der freien Natur.

Viele denken bei dem Wort Romantik an diese Waldeinsamkeit. Literarisch ist das nicht ganz richtig. Aber auch der Alltagsromantik hat viele Formen, und in verschiedenen Kulturen verschiedene Formen, und ist auch innerhalb einer Kultur nicht für alle dasselbe.

1 **Einige typisch deutsche Elemente der Alltagsromantik sind:**

a. der Traum von einem Haus im Grünen (Waldeinsamkeit)

b. der sonntägliche Spaziergang im Stadtwald (nach dem Kuchen)

c. Zelten (Camping)

d. lange Wanderungen (wo man niemanden trifft)

e. Urlaub machen, wo es keine Touristen gibt (einsame Strände)

f. vielleicht auch Gartenarbeit (am Samstag)

Caspar David Friedrich, Wanderer über dem Nebelmeer (um 1817)

Hamburger Kunsthalle, Hamburg

2 Findest du auch einige dieser Elemente romantisch oder attraktiv? Hast du beim Kontakt mit Deutschen diese Elemente bemerkt? Oder das Gegenteil? Finden auch die Bewohner deines Heimatlandes einzelne dieser Elemente positiv? Welche und wann? Oder interpretieren sie / interpretierst du selbst Romantik ganz anders?

3 Natürlich gibt es dann auch noch ... auch für Deutsche! ... Romantik in der Liebe. Kannst du erklären, was in den folgenden Ausdrücken mit „romantisch" gemeint ist?

a. ein romantischer junger Mann / eine romantische junge Frau

b. ein romantischer Abend zu zweit

c. eine romantische Liebe

d. ein romantisches Abenteuer (gibt es das?)

e. ein romantisches Restaurant

f. Ferien für Romantiker

KAPITEL 5

ALLEIN

Vier Jahre lang lebe ich bei der Alten. Ich bin schon zwölf.

Da erzählt sie mir ein Geheimnis. „Der Vogel legt jeden Tag ein Ei", sagt sie, „siehst du?" Richtig, da liegt ein Ei im Käfig.

Dann öffnet sie das Ei. Was ist darin? Eine Perle und ein Edelstein [1].

Das Ei hat sie bis jetzt immer selbst aus dem Käfig genommen.

Jetzt darf ich das tun. Ich soll diese Eier nehmen und in den Schrank legen.

„Wir sehen uns jetzt ein paar Tage nicht", sagt sie.

Sie lässt mir etwas zu essen da, geht aus dem Haus und kommt erst Wochen später wieder. Dann werden es Monate. Ich mache meine Arbeit, der Hund bellt, der Vogel singt. Ich sehe die ganze Zeit keinen Menschen.

---

1. **r Edelstein(e)** : Diamant, Rubin etc.

Aber es geht mir gut, so ungestört. Die Zeit vergeht. Ich lese viel. Es stehen seltsame Geschichten in den Büchern der Alten. Ich lese Geschichten von Damen und Königen, von Prinzen und Prinzessinnen.

In meiner Phantasie geht alles durcheinander [1]. Ich will einen Prinzen lieben. Ich denke mir selbst Geschichten aus [2]. Vielleicht liebt mein Prinz mich nicht? Ich weine.

Wir alle finden solche Phantastereien heute ein bisschen komisch, aber als junge Menschen träumen wir gern.

Ich bin lieber mit meinen Büchern allein als mit der Alten zusammen.

Der Hund liebt mich sehr und tut, was ich will. Der Vogel antwortet auf jede Frage mit seinem Lied. So soll es bleiben, denke ich.

Nach Monaten oder Wochen kommt die Alte immer wieder. Sie ist immer noch sehr nett zu mir. „Wie sauber es ist," sagt sie dann. „Du bist ein liebes Mädchen, und du wirst auch von Tag zu Tag schöner."

Eines Tages sagt sie: „Du bist brav, mein Kind. Sei weiter so brav, dann geht es dir immer gut. Tue nichts Böses [3], denn dann folgt ganz sicher die Strafe [4]. Kommt sie nicht heute, kommt sie morgen oder übermorgen."

---

1. **durcheinander** : konfus.
2. **sich etwas ausdenken** : fantasieren, erfinden.
3. **etwas Böses** : was nicht gut ist, was schlecht ist, die Sünde.
4. **e Strafe(n)** : kompensiert das Böse, kommt von den Eltern oder vom Staat.

DER BLONDE ECKBERT

Ich verstehe nicht richtig, was sie sagt, denn ich denke an die Hausarbeit.

Erst abends in meinem Bett frage ich mich: „Warum hat sie mir das gesagt? Was soll ich denn Böses tun?" Ich

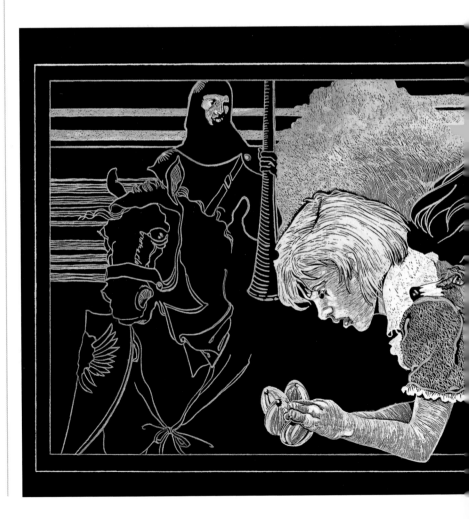

denke an den Hund, den Vogel. Dann denke ich an die Edelsteine und Perlen. „Vielleicht meinte sie das. Vielleicht sind das kostbare [1] Dinge.“

---

1. **kostbar** : was viel Geld kostet.

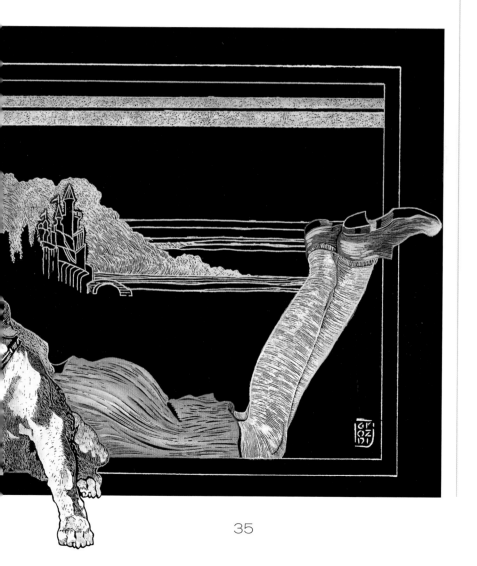

Zum Verständnis

1 Bertha ist allein zu Hause. Da kommen zwei Männer. Polizisten? Sie stellen viele Fragen. Antworte für Bertha:

1. Wie heißt du und wie alt bist du?
2. Wer lebt hier mit dir?
3. Wo ist diese Person jetzt? Wann kommt sie wieder?
4. Wo sind deine Eltern?
5. Seit wann bist du hier?
6. Wovon lebt ihr?
7. Was machst du hier den ganzen Tag?
8. Hast du keine Angst, so allein?
9. Was für Bücher liegen da auf dem Tisch?
10. Gehst du nicht in die Schule?

2 Die Männer gucken (sehen) in den Schrank. Da liegen Perlen und Edelsteine. „Wo kommen die her?" Was sagst du ihnen?

3 Das alles ist verdächtig (suspekt)! Die Männer nehmen ihr Mobiltelefon und rufen jemanden an. Das Polizeipräsidium? Was sagen sie? Was antwortet man auf dem Präsidium?

4 Sagen wir, du bist Polizist (Polizistin): Welcher Verdacht kommt dir hier, im Haus der Alten? „Das sind ... Schmuggler / Dealer / Piraten / Straßenräuber / Marsmenschen / Terroristen." Was machst du?

1. Du ziehst deine Pistole und sagst dem Mädchen, dem Hund und dem Vogel, sie sollen mitkommen.
2. Du rufst Kollegen und wartest, bis vier Polizeiwagen und zwei Helikopter da sind.

3. Du gehst wieder weg und lässt das Haus observieren*.

4. Du trinkst eine Tasse Tee und vergisst die Sache.

> * Bei normalen Situationen sagt man nicht „observieren", sondern „beobachten".

Sprachliches

5 **Präpositionen (nach ein paar Monaten Deutsch):**
Das Mädchen geht immer weiter. Es geht *durch* den Wald und *über* Berge oder: *durch das* Gebirge. Ich stehe unten *am* Berg, sie steht oben *auf dem* Berg. Setze Präposition und Artikel ein:

1. In den Sommerferien will mein Vater .... Gebirge.

2. .... Gebirge müssen wir dann wieder den ganzen Tag wandern.

3. Ich will lieber .... Stadt bleiben.

4. Da kann ich jeden Tag .... Schwimmbad oder .... Bibliothek gehen.

5. .... Bus, ... U-Bahn, ... Straße gibt es hier junge Leute.

6. .... Bergen gibt es fast nur alte Leute. Und dieses Wandern macht mich ganz krank.

7. Ich gehe lieber drei Wochen .... Krankenhaus.

8. Aber vielleicht darf ich mit meiner Oma .... Meer fahren?

9. .... Meer gibt es auch keine Geister.

10. .... Meer gehen nur normale Leute spazieren.

6 Adverbien (nach etwas mehr als ein paar Monaten kannst du auch das): Ich stehe *unten* am Berg. Aber wie komme ich nach *oben*? *Hinauf* gehen! Setze *unten, oben,* hin+Präposition (*hinunter, hinüber* ...) ein:

1. Der Wein muss im Keller sein. Kannst du für mich .... gehen?

2. (Zurück aus dem Keller:) Nein, da .... ist er nicht.

3. Ich möchte nach Hause, aber da steht eine Barrikade auf der Straße. Wie komme ich ....? Springen!

4. Emma wartet im Garten auf mich. Aber wie komme ich ....? Die Tür ist verschlossen.

7 Weg von zu Hause?!
Viele Kinder und Jugendliche wollen einmal von zu Hause weglaufen. Viele tun das dann doch nicht, denn das ist gefährlich. Aber wann und warum kommen sie auf die Idee?

Was meinst du?

Wann?   Mit drei, vier, ... sechzehn Jahren.

Warum?   **Was sind die wichtigsten Motive?**

☐ Sie möchten allein sein.

☐ Sie möchten tun, was sie wollen.

☐ Sie möchten gegen etwas protestieren.

☐ Sie möchten zu einem Freund oder einer Freundin.

☐ Sie möchten die Welt kennen lernen.

☐ Sie haben Probleme mit den Eltern / den Geschwistern / der Schule.

8 Wohin? Wo suchst du ein weggelaufenes Kind? Antworte in kompletten Sätzen (Präpositionen!).

1. .... Bahnhof
2. .... Freunden
3. .... Gebirge
4. .... Straße
5. .... Schule
6. .... Zirkus
7. .... Autobahn
8. Gar nicht, es muss selbst wissen, was es will.

9 Ein weggelaufenes Kind muss schlafen. Wo kann es das tun? Es muss essen. Eventuell muss es um Geld oder Essen betteln. Was sagt es? Was sagst du einem bettelnden Kind? Schreib es auf:

a. Du bettelst auf der Straße. Du legst ein Stück Karton vor dich auf die Erde. Was steht auf diesem Stück Karton?

b. In der U-Bahn steht ein Kind und bettelt. Du interviewst das Kind (und gibst ihm ein paar Euro).

c. Du bist von zu Hause weggelaufen und schreibst deinem Freund zu Hause einen Brief. Wie und wo lebst du, wie geht es dir?

d. Soll man bettelnden Kindern Geld geben? Oder soll man lieber die Polizei rufen – oder nichts tun? Was meinst du und warum meinst du das?

KAPITEL 6

GUT UND BÖSE

I ch bin jetzt schon vierzehn Jahre alt. Ich begreife [1] jetzt: Es gibt Gut und Böse. Ich kann jeden Tag die Perlen und Edelsteine in das Gefäß [2] im Schrank legen und brav weiter meine Arbeit machen. Ich kann aber auch den Vogel und die Perlen und Edelsteine nehmen und fortgehen, zurück zu den Menschen. Vielleicht treffe ich dann den schönen Prinzen.

Anfangs ist es nur ein Gedanke wie viele andere. Aber er kommt immer wieder. Schon sehe ich mich elegant gekleidet, mit Edelsteinen geschmückt [3]. Prinzen und Ritter sprechen und tanzen mit mir.

Ich träume und träume. Dann mache ich die Augen wieder auf. Wo bin ich? In dem kleinen Haus der Alten! Jetzt gefällt mir mein Leben nicht mehr.

---

1. **begreifen** : verstehen.
2. **s gefäß (e)** : zum beispiel eine vase.
3. **geschmückt** : dekoriert.

Die Alte weiß nichts von diesen Gedanken. Ich mache meine Arbeit, wie immer. Was ich denke, interessiert die alte Frau nicht.

Dann geht sie wieder fort. Dieses Mal, sagt sie, bleibt sie lange fort. Ich soll nicht traurig sein und meine Arbeit tun. „Auf Wiedersehen", sage ich, wie immer. Aber es ist nicht wie immer. Ich bin nicht mehr dieselbe. Ich sehe die Alte fortgehen. Ich habe Angst. Warum, weiß ich nicht.

Das Haus ist mir zu klein, mein Leben zu eintönig [1]. Will ich hier bleiben? Will ich fort? Es ist doch schön hier, denke ich, so allein, so ungestört. Dann denke ich wieder an eine neue Welt. Zu den Menschen will ich, Neues und anderes sehen.

So ein schöner Tag. Die Sonne scheint. Der Hund springt mich an.

„Ich muss fort." denke ich plötzlich. „Schnell."

Ich binde den Hund in der Stube fest. Er sieht mich an. Er bettelt. Aber ich kann ihn nicht mitnehmen.

Ich nehme den Käfig mit dem Vogel und stecke mir Edelsteine in die Tasche.

Ich gehe aus dem Haus. Der Hund bellt, der Vogel im Käfig sieht sich um.

Ich gehe nicht in den Wald, aus dem ich vor vielen Jahren gekommen bin. Ich gehe in die andere Richtung.

Noch lange höre ich den Hund bellen. Immer wieder möchte der Vogel sein Lied singen. Er fängt an, hört aber sofort wieder auf. Er weiß nicht, wo er ist und wohin wir gehen.

Dann höre ich den Hund nicht mehr. Ich möchte zurück und ihn laufen lassen.

Aber ich will auch weiter, in die Welt.

---

1. **eintönig** : monoton.

Zum Verständnis

1 **Bertha weiß nicht, was sie tun soll. Sie durchlebt einen Konflikt.**

    a. Sie will Klarheit und schreibt alles auf. Ordne die folgenden Sätze so, dass wir Berthas Alternative klar sehen.

    b. Wie siehst du die Alternative unter moralischem Aspekt? Was ist gut, was ist böse?

bei der alten Frau bleiben

Ritter und Prinzen kennen lernen

viel allein sein   fortgehen

Edelsteine stehlen und verkaufen

den Hund allein lassen   den Vogel mitnehmen

brav meine Arbeit machen   mit dem Hund spielen

2 **Ein Polizist beobachtet Bertha und erzählt seinen Kollegen per Mobiltelefon, was er sieht. Leider gibt es technische Probleme. Einzelne Wörter kommen nicht an, man hört nur ein „Chrxx". Ergänze mit Hilfe der unten stehenden Liste (nicht alle Elemente passen):**

Das Wetter ist [1]...................... hier. Da kommt Bertha aus [2]...................... . Der [3]...................... muss noch im Haus sein. Ich höre ihn [4]...................... . Bertha hat [5]...................... in der Hand. Da dreht sie sich um. Aber jetzt [6]...................... sie weiter. Sie geht nicht [7]......................, sondern in die [8]...................... . Der Hund [9]...................... immer noch. Der Vogel ist anders als sonst. Er [10]...................... .

sauber – gut – nicht singen – in den Wald

s Haus – gehen – springen – Vogel – Hund – bellen

e andere Richtung – e Stadt – r Vogelkäfig

3 **Was meinst du?**

a. Gut und Böse – gibt es das? Hast du Beispiele?

b. Woher kennt Bertha Gut und Böse? Von der Alten? Oder weiß jeder Mensch (seit Adam und Eva) von Gut und Böse?

c. Was ist Gut und Böse in deinem Leben? Ein Portemonnaie nehmen und weggehen? Nicht lernen? Schlecht von anderen sprechen?

Grammatik und Wortschatz

4 **Setze das passende Verb in der richtigen Form ein:**

Beispiel: Bertha ...*füttert*.... den Vogel.

a. Abends .... mein Bruder und ich den Tisch.

b. .... du den Tenor singen?

c. Willi .... die Servietten und legt sie weg.

d. Sie ist sicher zu Hause. Aber sie .... mir nicht die Tür.

e. .... er das Kleingeld aus dem Portemonnaie?

f. Ich .... jeden Tag an dich.

g. Ich liebe ihn nicht mehr. Aber er .... das nicht.

h. Wir hören deinen Hund ....

---

falten – nehmen – denken – decken – öffnen – begreifen –
bellen – hören – ~~füttern~~

---

5 **Ein paar Modalverben kennen wir jetzt auch. Welche Form passt nicht?**

Beispiel: Zu Hause (~~sollt~~ / ~~solle~~ / **soll**) ich helfen.

a. Ich (müsst / muss / musst) das Haus der Alten sauber machen.

b. Bertha (darf / dürft / darfst) nicht lachen.

c. Sie (könnt / kannst / kann) fortgehen.

d. Wir (müsst / musst / müssen) im Haus bleiben.

e. Jetzt (dürft /darf / dürfen) ihr schon das Ei öffnen.

f. Ihr (könnt / kann / kannst) in der Kammer schlafen.

g. Ihr (sollst /sollt / sollten) morgen das Gold verkaufen.

h. Ich (willst / will / wollt) nicht allein im Wald wohnen.

6 **Welches Modalverb passt nicht?**

Beispiel: Ich (~~darf~~ / ~~kann~~ / **soll** / **muss**) im Dorf etwas zu essen bekommen. Ich habe großen Hunger.

a. Bertha (darf / kann / soll / muss) dem Vogel das Futter geben.

b. Bertha (darf / muss / soll / kann) jetzt endlich lesen und schreiben.

c. Bertha (darf / muss / soll / kann) nach der Hausarbeit lesen.

d. Bertha (darf / muss / soll / kann) nichts Böses tun, sagt die Alte.

e. Bertha (darf / muss / soll / kann) weiter brav sein.

f. Bertha (darf / muss / soll / kann) in der ersten Nacht nicht schlafen.

KAPITEL 7

DAS HAUS DER ELTERN

Durch Berge und Wälder führt mein Weg. Abends komme ich in ein Dorf. Ich bin müde und begreife nichts mehr. In einem Gasthof nehme ich ein Zimmer. Ich schlafe gut, nur träume ich immer wieder von der Alten.

So gehe ich fünf oder sechs Tage lang weiter. Ich verkaufe zwei Edelsteine und habe jetzt auch Geld.

Immer wieder muss ich an die Alte denken. Ich denke auch an den Hund. Er hat kein Wasser und kein Futter. Vielleicht ist er schon tot.

Ich stelle den Käfig auf den Boden und weine. Der Vogel fängt wieder an, sein seltsames Lied zu singen. So geht es weiter, Tag für Tag.

Eines Tages komme ich wieder in ein Dorf.

„Seltsam", denke ich, „dieses Dorf kenne ich doch!"

Dann begreife ich endlich.

Es ist das Dorf meiner Kindheit, das Dorf meiner Eltern!

DAS HAUS DER ELTERN

Vieles ist anders geworden, aber vieles kenne ich noch. Wie klein alles ist!

Ich weine, ich suche das Haus meiner Eltern.

„Endlich zu Hause", denke ich. „Ich bin jetzt reich! Ich habe Geld und Edelsteine! Jetzt wird alles gut."

Dann stehe ich vor dem Haus.

Die Tür ist nicht verschlossen. Ich öffne sie und – vor mir sitzen fremde Leute und sehen mich an. Ich frage nach meinem Vater, nach meiner Mutter.

„Sie sind tot", antwortet man mir. „Seit drei Jahren."

Schnell gehe ich fort. Ich will weg. Ich weiß nicht, wohin.

Ich weine.

Ich habe kein Zuhause, keine Familie mehr.

Zum Verständnis

1 **Was steht im Text, was nicht?**

a. Bertha besucht ihre Eltern.

b. Sie weiß, der Hund spielt jetzt mit der Alten.

c. Sie hat Geld, denn sie verkauft Edelsteine.

d. Sie träumt nachts von der Alten.

e. Bertha schläft nachts im Wald.

f. Bertha hat keine Probleme mehr.

g. Bertha ist traurig, denn ihre Eltern sind tot.

2 **Es ist Nacht. Sie ist allein. Sie schreibt ihre Geschichte auf. Aber dann nimmt sie das Blatt und reißt es in Stücke. Der Mann, der das Zimmer sauber macht, findet zwei Stücke unter ihrem Tisch. Ergänze, was fehlt:**

Ich bin schon weit weg, und jede   Nacht träume ich

manchmal von ihr und .... schlafe in Gasthöfen,

denn ich habe jetzt Go .... Dorf, in dem ich heute

angekommen bin, kenne .... Dorf meiner Kindheit.

Aber meine Eltern leben .... Jahren sind sie tot.

Jetzt habe ich kein

Zuhause   .... was ich tun soll.

3 Im Märchen: Der junge Mann (der Held) oder die junge Frau (Heldin) geht von zu Hause fort. Nach drei Proben wird er reich und geht nach Hause zurück. Dann ist alles wieder gut und das Märchen zu Ende. Kennst du Beispiele? Was ist in unserem Märchen anders?

Wortschatz

4 Diese Wörter kennst du aus den Kapiteln 1-7. Welches Substantiv passt?

a. Der Vogel legt jeden Tag ein .... und sonntags auch mal zwei.

b. Für Leute, die Böses tun, gibt es eine ....

c. Der Mann schlägt seinen Hund mit dem ....

d. Mach dir keine .... Ich bin in zehn Minuten wieder hier.

e. Im Zoo gibt es viele .... für die Tiere.

f. Smaragde, Diamanten und Rubine sind ....

g. Ich will es dir sagen. Ich habe keine .... vor dir.

h. Kleiner als ein Fluss ist ein ....

i. Die .... im Wald macht mich traurig.

j. Ich esse seit Tagen nicht und habe keine .... mehr.

k. Im .... sieht sie Prinzen und Prinzessinnen.

l. Er erzählt immer komische ....

e Geschichte(n) – s Ei(er) – r Käfig(e) – r Bach("-e) –
e Sorge(n)– e Kraft ("-e) – r Traum ("-e) –
e Strafe(n) – r Stock ("-e) – e Einsamkeit(en) –
r Edelstein(e) – s Geheimnis(se)

Grammatik

5 *Hilf mir im Haus, und tue nichts Böses, sagt die Alte zu mir.* Die Verben stehen hier im Imperativ. Wo ist das Personalpronomen *du*? Wir können den Imperativ auch in indirekter Rede wiedergeben, zitieren: *Die Alte sagt, ich soll im Haus helfen und nichts Böses tun.*

Ergänze die Tabelle:

(tuen)	du:	ihr:	Sie: Tun Sie nichts!
(helfen)	du:	ihr: ....Helft!....	Sie: ....

6 **Setze die indirekte in die direkte Form.**

Beispiel: Die Alte sagt, ich soll das Zimmer aufräumen.
Die Alte sagt: „Räum das Zimmer auf!"

a. Die Alte sagt, ich soll ihr putzen helfen.
....

b. Sie sagt, ich soll jeden Tag das Ei nehmen und öffnen.
....

c. Er sagt, wir sollen lesen und schreiben lernen.
....

d. Frau Brentano sagt Frau Tieck, sie soll mehr lachen. (Und sie kennen sich nicht persönlich)
....

e. Frau Brentano sagt Frau Tieck, sie soll mehr essen. (Und sie kennen sich nicht persönlich.)
....

f. Die Alte sagt, ich soll ihr die Edelsteine ins Haus tragen.
....

g. Meine Mutter sagt immer, wir sollen nicht so viel Krach machen.
....

REUE [1]

In einer kleinen Stadt miete [2] ich ein Häuschen mit einem Garten.

Eine Frau macht die Hausarbeit für mich. Prinzen und Könige treffe ich hier nicht, aber es geht mir gut. Nach kurzer Zeit denke ich nicht mehr an die Alte und ihren Hund. Der Vogel singt auch nicht mehr, bis ...

Eines Nachts fängt er plötzlich wieder an. Er singt ein neues Lied:

Waldeinsamkeit
Wie liegst du weit!
O dich gereut [3]
Einst [4] mit der Zeit.

---

1. **e Reue** : ich habe etwas Böses getan und das tut mir Leid.
2. **mieten** : nicht kaufen, für etwas pro Monat bezahlen.
3. **es gereut dich** : es tut dir Leid.
4. **einst** : später.

Ach einzige [1] Freud.

Waldeinsamkeit!"

Ich kann die ganze Nacht nicht schlafen.

Ich denke an die Alte, die sagt: „Tue nichts Böses, denn dann folgt die Strafe". Ich habe Böses getan. Was ist meine Strafe?

Ich habe Angst. Der Vogel macht mir Angst. Er singt immer wieder das neue Lied, immer lauter.

Ich mache den Käfig auf, fasse [2] den Vogel am Hals [3]. Ich drücke zu.

Er sieht mich bittend an, ich lasse ihn los. Aber es ist zu spät. Er ist schon tot. Ich begrabe [4] ihn im Garten.

Ich muss weg. Da lerne ich einen Ritter kennen. Er gefällt mir. Er bittet mich um meine Hand. Ich folge ihm. Und dies ist, Herr Walther, meine Geschichte."

„Sehen Sie", sagt Eckbert schnell, „meine Frau ist nicht nur schön. Die langen Jahre im Wald ... Sie ist anders als andere Frauen. Noch heute liebe ich sie wie am ersten Tag. Und wir leben seit Jahren zusammen, ohne an Böses zu denken. Geldsorgen haben wir auch nicht."

„Aber es ist spät", sagt Bertha jetzt. „Wir wollen schlafen gehen." Sie steht auf.

---

1. **einzig** : es gibt nur diese.
2. **fassen** : nehmen.
3. **r Hals ("e)** : zwischen Kopf und Schulter.
4. **begraben** : unter die Erde bringen.

Walther küsst ihr die Hand.

„Gute Nacht," sagt er, „eine seltsame Geschichte, aber ich sehe Sie vor mir, mit dem Vogel und dem kleinen Hund Strohmian."

Nur Eckbert bleibt noch wach. Er geht im Saal hin und her.

„Dummheiten", denkt er, „Warum können wir unsere Geheimnisse nicht für uns behalten? Jetzt weiß Walther alles. Ist es jetzt besser? Ich glaube nicht. Erzählt er den anderen etwas? Jetzt weiß er, woher unser Geld kommt. Vielleicht will er jetzt unser Geld, Berthas Edelsteine." Eckbert schläft in dieser Nacht nur wenig.

Am nächsten Morgen kommt Bertha nicht zum Frühstück. Sie ist krank.

Walther scheint das nicht zu interessieren. Er spricht nicht viel.

„Auf Wiedersehen", sagt er kurz, und lässt Eckbert allein.

Zum Verständnis

1 Dein Freund liest die Geschichte auch. Dann schreibt er auf, was er verstanden hat. Das ist nicht viel. Im Bus korrigierst du seine Hausaufgaben:

Bertha kauft sich im Dorf ihrer Eltern ein Haus. Dort lebt sie mit dem Vogel, der jeden Tag ein schönes Lied singt. Eines Tages singt er ein neues Lied. Sie küsst den Vogel und lässt ihn fliegen. Bertha heiratet dann einen Ritter und sie gehen zusammen fort. Dieser Ritter ist Eckbert. Sie sind reich und es geht ihnen gut. Die Geschichte ist zu Ende. Walther dankt ihr für die Geschichte. Er kennt den Hund auch. Walther, Eckbert und Bertha gehen schlafen.

2 Traum und Wirklichkeit (Realität)! Ergänze:
Im Haus der Alten hat Bertha geträumt: „Später, wenn ich groß bin, dann ..." – Aber was ist jetzt in der Wirklichkeit? Ergänze:

Ich bin reich und habe keine Sorgen.	Sie ist reich und hat keine Sorgen, aber dann ...
Ich treffe Prinzen und Prinzessinnen.	
Ich lebe allein.	
Ein Prinz liebt mich und will mich heiraten.	
Ich lebe in der Hauptstadt [1].	

1. **die Hauptstadt** : von Tunesien ist Tunis.

54

3 Was singt der Vogel da? *Waldeinsamkeit* kennen wir schon, aber was heißt der Rest? Verbinde, was dir passend erscheint:

	Ich bin traurig, denn sie ist so weit weg.
Wie liegst du weit	Ich habe viel Zeit.
O dich gereut	Es tut dir sicher Leid (du bist traurig)
Einst mit der Zeit	Ich habe viel Spaß im Leben.
Ach einzige Freud	Ich habe keinen anderen Spaß
	Vielleicht nicht heute, dann aber morgen.

4 Und Walther? Er kennt jetzt die ganze Geschichte. Was denkt er jetzt? Ergänze:

a. Die Alte verlassen, den Hund allein lassen, die Edelsteine stehlen, den Vogel töten, das ist ....

b. Berthas Eltern sind ....

c. Eckbert und Bertha sind reich, denn ....

d. Bertha ist eine .... e Frau.

5 Walther kennt den Namen des Hundes. Wie ist der Name? Woher kennt er den Namen?

GOSLAR

Bertha will in einem Städtchen in der Nähe leben. Warum nicht Goslar?

Vom Jahre 1000 bis zum Jahre 1552

In der Stadt Goslar gibt es einen Dom (1050), und hier haben auch die deutschen Kaiser einen Palast (die Kaiserpfalz, 1005-1015 erbaut). Im Goslarer Rammelsberg findet man Silber, die Stadt ist reich. Im 13.Jhdt. gehört Goslar zur Hanse, der Handel floriert. Ab 1552 müssen die Goslarer das Silber in der Residenzstadt Braunschweig abgeben. Mit dem Reichtum ist es jetzt vorbei.

Die Klause und der Rammelsberg bei Goslar
(Stahlstich nach Richter und Macclatchie; 1840.)

Bis heute

Bis ins neunzehnte Jahrhundert dauert die Zeit wirtschaftlicher Schwierigkeiten.

Der Dom steht nicht mehr: man hat ihn 1819 abreißen lassen. Im Zweiten Weltkrieg wollen die westlichen Alliierten Goslar nicht bombardieren. Im Stadtbild ist heute noch Vieles aus dem Mittelalter präsent. Enge Straßen führen an alten Fachwerkhäusern und Kirchen vorbei. Am Marktplatz steht das Rathaus. Das Haus der Handwerker ist mit Kaiserfiguren dekoriert. Auf dem Platz steht ein Springbrunnen, ein Geschenk des Teufels für die Goslarer, sagt man.

Marktplatz von Goslar.

Zum Verständnis

1 **Was ist richtig, was ist falsch?**

		R	F
a.	In Goslar gibt es einen Dom.	☐	☐
b.	In Goslar gibt es eine Kaiserpfalz.	☐	☐
c.	Eine Pfalz ist ein Haus für Händler.	☐	☐
d.	Bis 1552 sind die Goslarer reich.	☐	☐
e.	Nach 1945 hat man alles wieder neu aufgebaut.	☐	☐
f.	Heute stehen noch viele alte Häuser in Goslar.	☐	☐

2 **Was meinst du?**

a. Der Teufel macht nicht vielen Städten Geschenke (oder? kennst du andere Beispiele?) Warum Goslar? Und wann?

b. Das Leben in Goslar ist – ruhig. Goslar ist eine Provinzstadt. Viele Menschen lieben das. Und du? Möchtest du lieber in dieser Stadt wohnen, in der es noch so viele alte Häuser gibt, oder lieber in einer modernen Großstadt?

c. In vielen deutschen Städten stehen heute wegen der Bomben im Krieg und der Modernisierung nach dem Krieg nicht mehr viele alte Häuser. Die Straßen sind breit, die Häuser hoch. Wie ist das in deiner Heimatstadt (in der Stadt in deiner Nähe?)

Wortschatz

3 **Ein paar Adjektive helfen dir hier. Kennst du sie, kannst du vielleicht besser über Provinz- und Stadtleben sprechen. Suche einfach das Gegenteil zu den folgenden Adjektiven:**

a. modern   **b.** reich   **c.** neu   **d.** schmal

e. eng   **f.** niedrig   **g.** provinziell   **h.** ruhig

KAPITEL 9

WAS WEIß WALTHER?

Bertha liegt im Bett. Sie hat Fieber.

„Ich weiß auch nicht, was ich habe", sagt sie. „Meine Erzählung hat mich geschwächt [1]."

Seit diesem Abend besucht Walther nur selten die Burg seines Freundes, und seine Besuche sind kurz. Eckbert kann sich das nicht erklären.

Warum ist sein Freund jetzt so distanziert?

Es geht Eckbert nicht gut.

Bertha liegt immer noch im Bett. Es wird nicht besser.

Eines Morgens lässt sie ihren Mann an ihr Bett rufen.

„Lieber Mann", fängt sie an, „ich muss dir etwas sagen. Vielleicht ist es nicht wichtig. Aber es macht mich verrückt [2].

---

1. **geschwächt** : schwach (ein bisschen krank) gemacht.
2. **verrückt** : psychisch krank.

Es macht mich krank. Der Name des kleinen Hundes ...“

„Also ist er dir wieder eingefallen [1]?“

„Nein, nicht mir. Nach meiner Erzählung hat Walther den Namen gesagt. ‚Ich sehe Sie vor mir, mit dem kleinen Strohmian.‘ Der Name des Hundes ist Strohmian. Woher

---

1. **es ist mir wieder eingefallen** : ich weiß es wieder.

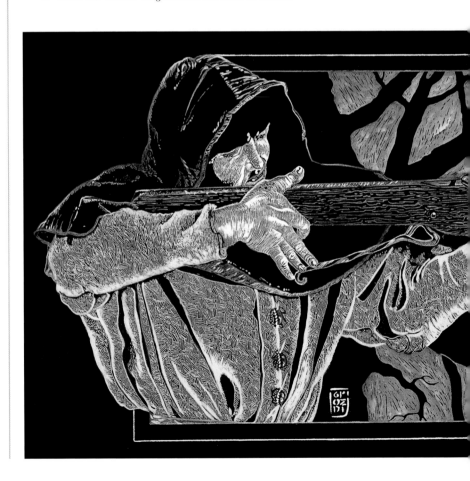

weiß Walther das? Hat er etwas mit der Alten zu tun? Er macht mir Angst, Eckbert. Was sagst du?"

Eckbert sieht seine kranke Frau an. Es geht ihr schlecht.

„Bertha, das sind Fieber-Phantasien", sagt er, „denk an etwas anderes. Du musst wieder gesund werden." Dann geht er fort. Er geht in seinem Zimmer hin und her. Er denkt an Walther.

Walther weiß alles. Aber kein anderer Mensch weiß etwas von der Geschichte.

Walther, Eckberts Freund, muss weg.

„Ach, das sind die Nerven, ich werde noch verrückt hier", denkt Eckbert. „Ich will auf die Jagd [1] gehen."

Er nimmt seine Armbrust [2] und geht aus dem Haus.

Es liegt Schnee. Es ist stürmisch. Er sieht keine Tiere. Er läuft durch den Wald.

Dann sieht er doch etwas. Ein Tier? Es kommt näher. Es ist Walther, der im Wald spazieren geht. Eckbert legt an und schießt [3].

Wenige Sekunden später fällt Walther in den Schnee. Er ist tot.

Einen Moment lang fühlt sich Eckbert besser. Aber dann kommt die Angst wieder.

„Bertha", denkt er, und geht schnell zur Burg zurück.

Der Weg nach Hause ist weit.

Er kommt zu spät. Bertha ist schon gestorben.

1. **e Jagd(en)** : Männer gehen in den Wald und töten Tiere.
2. **e Armbrust("e)** : wie eine große Pistole, aber ohne Explosivstoff, mit Pfeil.
3. **schießen** : abdrücken, man schießt auch mit einer Pistole.

Zum Verständnis

1 **Welche Ergänzung passt?**

a. Bertha hat Fieber,	• Walther kennt den des Namen Hundes.
b. Bertha findet etwas seltsam:	• denn etwas macht ihr Sorgen.
c. Eckbert geht es nicht gut,	• denn sein Freund ist nicht mehr sehr freundlich.
d. Eckbert tötet Walther,	• denn Bertha ist schon tot.
e. Eckbert kommt zu spät nach Hause,	• denn er denkt, Walther weiß zu viel.

2 **Eckbert führt ein Tagebuch. Aber er hat nicht viel Zeit. Was er schreibt, ist immer sehr kurz. Manchmal ist es auch nicht komplett. Ergänze:**

Dienstag: Heute will Bertha Walther ....

Mittwoch: Jetzt weiß .... Das ist nicht gut. Walther ist .... Bertha ist ...., sie hat ....

Donnerstag: Bertha wird nicht ....

Freitag: Bertha sagt, sie macht sich ...., denn Walther .... Woher .... er das, fragt sie sich. Darum ist sie .... Ich bin nervös. Ich will auf ....

Freitag Abend: Walther ist .... sein Mörder. Bertha ist .... Ich bin ....

3 Was meinst du? Was macht Eckbert jetzt? Verkauft er die Burg und geht fort? Begeht er Selbstmord?

Grammatik

„Du wirst immer schöner", sagt die Alte. Die Komparativform *schöner* kennst du vielleicht aus dem Englischen. Aber im Englischen gibt es zwei regelmäßige Komparativformen, im Deutschen nur eine.

Bertha will lieber fortgehen als bei der Alten bleiben.

4 *Schöner* ist leicht als Komparativ zu erkennen. Aber *lieber*? Von welchem Adverb ist *lieber* der Komparativ? Verbinde Positiv, Komparativ und Superlativ.

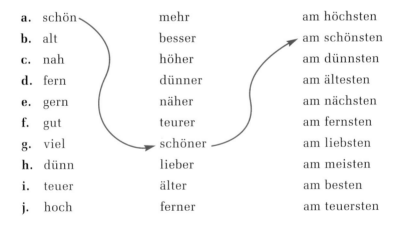

a. schön	mehr	am höchsten
b. alt	besser	am schönsten
c. nah	höher	am dünnsten
d. fern	dünner	am ältesten
e. gern	näher	am nächsten
f. gut	teurer	am fernsten
g. viel	schöner	am liebsten
h. dünn	lieber	am meisten
i. teuer	älter	am besten
j. hoch	ferner	am teuersten

5 Bei zwei ungleichen Elementen brauchst du noch ein *als*: *Er isst lieber Pizza* **als** *Pommes Frites.* **Manchmal sind die Elemente gleich ... Dann brauchst du** *so ... wie*: *Ich bin* **so** *dumm* **wie** *du.* **Bilde Sätze:**

Beispiel: (Peter: 23 Jahre / Petra 24 Jahre / alt)
      Petra ist älter als Peter.

a. (Fritz: 1 000 000 Euro / Denise 2 000 000 Euro / reich)
  ....

b. (Uli: Mister Germany / Harry: Mister Universum / schön)
  ....

c. (Gesine: 1 m 95 / Nadine: 1 m 65 / groß)
  ....

d. (Stefan: Intelligenzquotient 167 / Achim: Intelligenzquotient 101 / dumm)
  ....

e. (Bielefeld: 300 000 Einwohner / Mannheim: 300 000 Einwohner / groß)
  ....

f. (Rheinwaldhorn: 3402m / Zugspitze: 2964m / hoch)
  ....

g. (Bochum 600 Km von hier / Dresden 400 Km von hier / nah)
  ....

h. (Renate hat 41°Fieber / Wolfgang hat 41,5° Fieber / krank)
  ....

i. (Guido 12 Stunden am Tag / Michael 12 Stunden am Tag / viel arbeiten)
  ....

j. (Dr. Gerngoß 45 Arbeiten am Tag / Dr. Bitter 47 Arbeiten am Tag / viel korrigieren)
  ....

6 Strafe muss sein. Die Strafe folgt auf dem Fuße ... oder etwas später. Was ist die (gerechte) Strafe?

900 EURO STRAFE FÜR KUSS IN DER KÖLNER U-BAHN Köln (dpa*)

Ein Kuss auf die Wange einer U-Bahn-Fahrerin hat einen 73 Jahre alten Rentner aus Köln 900 Euro gekostet. Mit den Worten „Komm Süße, lass dich küssen" war der Rentner auf die 40-jährige Sekretärin zugetreten und hatte sie geküsst. Der Amtsrichter vom Amtsgericht Köln meinte: „Das können Sie nicht tun", und verhängte einen Strafbefehl über 900 Euro.

* leicht geändert.

a. **Zum Verständnis:**
   Wer ist der Mann?
   Wer ist die Frau?
   Wollte sie ihn küssen?
   Warum bekommt er eine Strafe?

b. **Findest du das richtig?**
   Situation: Jemand, den du nicht kennst, küsst dich (in der U-Bahn oder im Bus), aber du willst nicht. Gehst du zur Polizei?

7 In unserer Geschichte

... den Hund verhungern lassen, den Vogel und die Edelsteine stehlen – das ist Mord und Diebstahl ... Jetzt tötet sie den Vogel. Im wirklichen Leben gibt es für Mord an Tieren keine Strafe, für Diebstahl ein paar Jahre Gefängnis. **Aber in unserer Geschichte? Was ist bei dir die Strafe für Bertha? Hast du eine bessere Idee?**

Nehmen wir an, du bist der Erzähler:
Wie geht die Geschichte weiter? Was ist die Strafe?

a. Bertha muss sterben.

b. Bertha muss ins Haus der Alten zurück.

c. Bertha bleibt ihr Leben lang allein.

d. Bertha heiratet und bekommt sieben Kinder.

8 **Und im wirklichen Leben? Was ist die gerechte Strafe in den folgenden Situationen?**

a. Hertha macht die Hausaufgaben nicht.

b. Hertha räumt ihr Zimmer nicht auf.

c. Hertha kommt abends zu spät nach Hause.

d. Hertha bleibt einen Nachmittag fort, und ihre Eltern wissen nicht, wo sie ist.

e. Hertha ist mit Bert zusammen, geht aber mit Robert ins Kino.

f. Hertha stiehlt im Supermarkt ein Schokobonbon.

g. Hertha stiehlt ihrem Lehrer das Deutschbuch.

> Schläge – eine Stunde länger in der Schule bleiben –
> eine Woche Hausarrest – Gefängnis – dreimal für ihre
> Eltern einkaufen gehen – Samstag Abend nicht
> fernsehen – ohne Abendessen in Bett

9 **Es gibt natürlich Alternativen: zum Psychologen / zur Psychologin gehen, mit den Eltern über Gut und Böse, über Richtig und Falsch sprechen ... oder ist das auch eine Strafe? Was tust du, was rätst du einem Freund?**

KAPITEL 10

EIN NEUER FREUND

L ange Zeit lebt Eckbert ganz allein. Er denkt an die Geschichte seiner Frau, an die Ermordung [1] seines Freundes. Er hat keine Ruhe mehr.

„Lebe ich in einem Märchen?" fragt er sich. „Was für eine seltsame Geschichte."

Manchmal fährt er in die Stadt.

Er sucht menschliche Nähe, besucht Feste.

Er möchte Freunde finden, und im nächsten Moment ist die Angst wieder da, und er will wieder allein sein.

Ein junger Ritter sucht die Nähe des traurigen Eckbert. Er heißt Hugo.

Sie verstehen sich gut, gehen zusammen spazieren, besuchen zusammen die Feste der Stadt.

Sie scheinen unzertrennlich [2].

---

1. **e Ermordung(en)** : r Mord, e Tötung.
2. **unzertrennlich** : immer zusammen.

Aber Eckbert denkt immer wieder: „Hugo mag mich. Er kennt mich nicht. Er weiß nichts von mir. Niemand, der mich kennt, kann mich mögen."

Einmal, sie gehen allein im Wald spazieren, erzählt Eckbert Hugo die ganze Geschichte.

„Kannst du einen Mörder zum Freund haben?" fragt er am Ende.

Hugo umarmt [1] ihn.

Dann gehen sie zu einem Fest.

Hugo spricht mit allen. Nur mit Eckbert spricht er nicht.

„Was hat er?" fragt sich Eckbert. „Er lächelt auch so seltsam."

Er sieht Hugo mit einem alten Ritter sprechen. Sie sehen Eckbert an.

Eckbert kennt den Mann. Das ist der Ritter, der immer alle Leute nach seiner Frau und seinem Geld fragt.

Hugo spricht lange mit dem Alten.

Eckbert kann sich kaum beherrschen. Er geht durch den Festsaal, will an anderes denken. Dann sieht er wieder zu Hugo herüber. Aber ist das Hugo? Sieht er nicht aus wie Walther?

Das ist zu viel. Eckbert läuft aus dem Saal. „Fort hier!" denkt er. „Ich muss nach Hause."

---

1. **jdn. umarmen** : die Arme um ihn legen (zum Gruß).

Zum Verständnis

1 **Der Text ist nicht komplett. Ergänze a-f mit Hilfe der Elemente 1-12.**

Eckbert findet keine **a.** .... mehr. Er denkt manchmal, er lebt in einem **b.** .... Dann besucht er wieder **c.** .... in der Stadt. Er lernt einen **d.** .... Mann kennen. Er erzählt **e.** .... Mann alles. Aber dann **f.** .... er: dieser Mann ist Walther.

1. Kinos	**2.** diesen	**3.** diesem	**4.** Loch
5. Ruhe	**6.** seht	**7.** Märchen	**8.** sieht
9. Feste	**10.** jungen	**11.** Fest	**12.** reichen

2 **Hugo spricht mit dem Alten. Wir stehen neben ihnen, können aber nur einzelne Worte verstehen. Ergänze:**

a. Dieser Mann da ist ....

b. Er hat .... besten .... getötet.

c. Sein Geld hat .... Frau.

d. Seine Frau ist ....

e. Sie hatte das Geld .... alten .... gestohlen.

f. Eckbert ist ein .... Mensch.

3 **Eckbert denkt manchmal, er lebt im Märchen. Wann sagst du „Das ist wie im Märchen!" In Situationen wie der Eckberts in dieser Geschichte? Was ist anders?**

4 **Was machst du?**

    a. Dein bester Freund ist ein Mörder/ Deine beste Freundin ist
eine Mörderin. Er/Sie hat den Hund ihres/seines Nachbarn
getötet. Er/Sie selbst erzählt es dir. Wie reagierst du?
Umarmst du ihn/sie? Gehst du weg? Gehst du zu dem
Nachbarn oder zur Polizei?

    b. Dein bester Freund/ deine beste Freundin spricht auf der
Party nicht mit dir, sondern immer nur mit einer anderen
Person. Sie sehen immer zu dir herüber. Vielleicht sprechen
sie über dich. Was machst du? Gehst du nach Hause? Gehst
du zu ihnen und fragst: „Was gibt's, hä?" Schlägst du sie?

Grammatik

5 **Mein Freund, dein Freund usw. das ist nicht schwer. Es gibt nur
eine kleine Komplikation, und das ist der Unterschied zwischen
sein und *ihr*. Kannst du den Unterschied erklären?**

Beispiele: Da kommt Heino mit **seiner** neuen Freundin.
                Sabine will **ihren** Freund nicht heiraten.

6 **Ergänze die Tabelle mit Hilfe der Sätze a-h (siehe nächste Seite).**

	Nominativ	**Genitiv**	**Dativ**	**Akkusativ**
1. Sg.	*meine*	*meines/meiner*	*meinem/meiner*	
2. Sg.	*dein/e*			
3. Sg.m				
3. Sg.f.				
3. Sg.n.				
1. Pl.	*unser/e*			
2. Pl.	*euer/eure*			
3. Pl.				

a. Das Geld gebe ich meiner Frau.

b. Ich habe von Jörg und seinen Geschichten die Nase voll.

c. Von ihren Eltern hört sie seit Jahren nichts mehr.

d. Bringst du uns bitte unseren Hund zurück?

e. Sie mögen den Mann ihrer Tochter nicht.

f. Können Sie meinen Kanarienvogel operieren?

g. Könnt ihr eure Zimmer bitte selbst aufräumen?

h. Der Garten eures Hauses ist nicht sehr schön.

7 **Ergänze die Possessivartikel:**

a. .... Telefon ist kaputt, können Sie es mir reparieren?

b. Kannst du bitte .... Füße vom Tisch nehmen?

c. Ich kann .... schmutzigen Socken nicht mehr sehen. Wascht sie bitte selbst.

d. Das Radio .... Nachbarn ist immer so laut. Wir können uns nicht konzentrieren.

e. Wir möchten gern mit dem Englischlehrer .... Tochter sprechen.

f. Da kommen Sie leider zu spät. Der Lehrer .... Tochter ist schon nach Hause gefahren.

g. Die Probleme .... Mitmenschen interessieren mich nicht.

KAPITEL 11

NUR FORT ...

Zu Hause auf seiner Burg findet Eckbert auch keine Ruhe.

Er kann nicht schlafen. „Bin ich denn verrückt geworden?" fragt er sich. „Das sind doch Phantastereien".

Aber dann sieht er wieder Hugo vor sich. „Er ist es doch! Hugo ist Walther!"

„Eine Reise tut mir gut", denkt Eckbert am nächsten Tag. Wohin er reisen soll, weiß er nicht. „Nur fort von hier".

Er reitet, so schnell und so viel er kann, tagelang. Plötzlich kommt er nicht weiter. Der Weg endet vor einem Berg. Er findet keinen Ausweg. Da trifft er einen Bauern. Der kennt einen schmalen ¹ Weg an einem Wasserfall.

Eckbert will ihm Geld geben. Der Bauer nimmt das Geld nicht.

---

1. **schmal** : nicht breit, es gibt wenig Platz.

„Seltsam", denkt Eckbert und sieht den Bauern noch einmal an. Es ist Walther.

„Fort!" denkt Eckbert. Er reitet. Er treibt [1] das Pferd an. Es soll immer schneller laufen. Es ist müde. Er treibt es weiter. Dann bricht das Pferd zusammen [2].

Eckbert geht zu Fuß weiter.

Er kommt auf einen Hügel. Es ist warm. Er hört einen Hund bellen. Er hört einen Vogel singen. Es ist ein Lied:

*„Waldeinsamkeit
Mich wieder freut,
Mir geschieht kein Leid [3],
Hier wohnt kein Neid [4],
Von Neuem mich freut
Waldeinsamkeit."*

Das kann nicht sein!
Und Bertha und Walther? Ist das alles nur ein Traum? Eckbert ist außer [5] sich.

1. **antreiben** : dem Pferd „sagen", es soll schnell reiten.
2. **zusammenbrechen** : kollabieren.
3. **s Leid** : hier: nichts Böses.
4. **r Neid** : jemand hat mehr als ich, ich bin neidisch auf ihn.
5. **außer sich** : nicht in sich, wie verrückt.

„Wo bin ich? Im Märchen?"

Eckbert denkt nichts mehr, er weiß nichts mehr. Er steht da.

Da kommt die Alte. „Bringst du mir meinen Vogel? Meine Perlen? Meinen Hund?" schreit sie. „Siehe, auf Böses folgt die Strafe. Ich bin dein Freund Walther, dein Hugo."

„Gott im Himmel!" sagt Eckbert. „ Dann bin ich immer einsam gewesen ..."

„Und Bertha war deine Schwester."

Eckbert sinkt zu Boden.

„Bei mir bleiben und arbeiten, das sollte sie!" schreit die Alte. „Noch ein paar Monate, nicht mehr. Es war eine Probe. Sie war die Tochter eines Ritters, der sie zu armen Leuten gegeben hatte. Ein uneheliches [1] Kind."

„Das", kann Eckbert noch sagen, „habe ich oft gedacht, warum nur?"

„Natürlich. Dein Vater hat es dir gesagt, als du noch klein warst."

Eckbert liegt auf dem Boden. Er ist tot.

---

1. **unehelich** : die Eltern sind nicht verheiratet.

Zum Verständnis

1 **Dein Freund hat die Geschichte nicht zu Ende gelesen. Er weiß nur: am Ende kommt die Alte wieder, und es wird dramatisch. Natürlich möchte er jetzt alles von dir wissen, und zwar schnell. Beantworte seine Fragen:**

a. Bleibt Eckbert zu Hause?

b. Was denkt er über Hugo und Walther?

c. Was denkt er über sein Leben?

d. Trifft er Walther alias Hugo noch einmal?

e. Wo trifft er die Alte wieder?

f. Ist sie allein?

g. Sagt sie etwas zu ihm?

h. Über wen und was spricht sie?

i. Was sagt sie?

j. Wie reagiert Eckbert?

2 **Interpretiere:**

a. Warum sagt Eckbert: „Dann bin ich immer einsam gewesen?"

b. Warum will die Alte von ihm die Perlen und den Hund?

c. „Bringst du mir meinen Vogel?" Warum hat diese Frage keinen Sinn?

d. Warum ist Bertha tot?

e. Wer ist die Alte?

3 **Du bist ...**

a. Psychologe/Psychologin. Was hat Eckbert falsch gemacht? Hatte er eine Alternative? Ist Eckbert gesund oder psychisch krank?

b. Jurist/Juristin: Hat Eckbert Schuld an dem, was passiert ist?

c. Schriftsteller/in: Wie findest du das Ende der Geschichte? Hast du ein anderes?

Grammatik

4 Im letzten Kapitel spricht die Alte über die Vergangenheit. Sie gebraucht drei grammatische Formen. Du brauchst diese Formen nur wiederzuerkennen. Konstruieren brauchst du sie noch nicht.

Plusquamperfekt Perfekt, Präteritum?

Tempus	Satz	Infinitiv
Perfekt	Ich bin dort gewesen.	sein
	Ich habe der Alten geholfen.	helfen
Präteritum	Sie war deine Schwester.	sein
Plusquamperfekt	Ich hatte ihr geholfen.	helfen
	Ich war dort gewesen.	sein

Ergänze die Tabelle mit den Sätzen a-j:

Tempus	Satz	Infinitiv
Perfekt		
Präteritum		
Plusquamperfekt		

a. Ich bin immer einsam gewesen.

b. Dein Vater hatte es dir erzählt.

c. Der Vater hatte sie zu armen Leuten gegeben.

d. Es war eine Probe.

e. Du hast immer nur mich zum Freund gehabt.

f. Bertha war deine Schwester.

g. Sie sollte bei mir bleiben.

h. Sie ist nicht bei mir geblieben.

i. Sie hat meine Edelsteine und mein Gold gestohlen.

j. Sie hat meinen Vogel getötet.

Wortschatz

5 Die Verben sollten wir einmal wiederholen, es sind viele.
Setze das passende Verb in der richtigen Form ein:

a. Das Mädchen .... den Vogel ....

b. Die Alte .... das liebe Mädchen ....

c. Das Mädchen hat sich etwas Neues .... (Partizip Perfekt!!).

d. Er .... seine Mitschüler ....: Schneller!

e. Da .... mir eine komische Geschichte .... Wollt ihr sie hören?

f. Er .... früh am Morgen ....

g. Immer wieder .... er seinen Vater ....

h. Er .... ihm die ganze Geschichte ....

i. Heute .... der Mond erst spät ....

j. Vor dem Essen .... sie ein paar Minuten.

k. Nach dem Essen .... sie die Tischdecke.

beten – streicheln – füttern – falten,
mit Präfix: erzählen – aufstehen – einfallen – antreiben
sich etwas ausdenken – umarmen.

Von den Präfixverben sind zwei nicht trennbar: umarmen
und ....

6 Was ist es nun? Was meinst du? Die Erzählung

1. Eckbert selbst denkt, er lebt in einem Märchen. Wann denkt er das und warum?

2. Ist es ein Märchen? Tieck selbst hat die Geschichte Märchen genannt. Warum? Welche Elemente sind typisch für ein klassisches Märchen? Aber was ist nicht typisch?

3. Eckbert hat seine Schwester geheiratet. Das kennen wir nicht aus dem Märchen, sondern ...

4. Welche Adjektive passen zu der Erzählung, welche nicht und warum (nicht)?

dramatisch – poetisch – märchenhaft – romantisch –
spannend – traumatisch – gruselig – archaisch –
traumhaft – modern – realistisch – exotisch –
fantastisch – grotesk – psychoanalytisch

7 Die Personen

1. Die Alte:
   a. Was wissen wir über sie? Ist das alles positiv? (eventuell:
   was ist nicht positiv?)
   b. Die Alte, sagen manche, steht für die Einheit des Menschen
   mit der Natur. Der Vogel, das ist der Künstler, der auch in
   dieser Einheit lebt. Was meinst du?

2. Bertha
   a. Bertha geht auch von ihrem neuen Zuhause fort. Sie besteht
   die Probe nicht. Sie nimmt das Gold und tötet den Vogel.
   Welche Motive sind wichtig für sie?
   b. Hat sie einen Charakter? Was für einen?

3. Eckbert
   a. Eckbert liebt Bertha. Warum? (Das sagt er selbst). Was sucht er
   also in einer Frau, was nicht?
   b. Eckbert tötet seinen Freund. Warum?

4. Hugo alias Walther alias ...
   Was haben diese „Personen" gemeinsam?

8 Das Gold, die Natur

Bertha nimmt das Gold. Warum?
Sie wird reich. Was verliert sie?

9 Freundschaft, Liebe, Geheimnis

Großer Gott! sagt Eckbert. *Dann bin ich immer einsam gewesen!*
Seine Freunde waren keine Freunde, nur verschiedene Ansichten
der einen alten Frau, die ihn und Bertha bestrafen wollte. Er sucht

die Vielfalt der anderen Menschen, findet aber immer wieder nur Bilder seiner Vergangenheit. Denn auch Bertha war niemand anderes als seine Schwester. Was hat Eckbert von Walther erwartet? Walther sollte alles wissen. Er sollte, wie Eckbert selbst, Bertha ansehen und sagen: Das ist eine schöne Frau mit einer interessanten Geschichte. Aber Walther tut das nicht. Er nimmt nicht Eckberts Position ein. Er bleibt fremd. Er muss sterben. Auch Hugo soll alles erfahren. Er soll Eckberts Mord akzeptieren. Er geht und es scheint, er spricht mit anderen über Eckbert. Das darf nicht sein. Für die anderen ist Eckberts Vergangenheit sicher nicht akzeptabel. Hugo gehört also zu den anderen. Und die anderen, das ist immer derselbe Walther, immer dieselbe alte Frau, die Strafe.

Was meinst du?

1. Warum will Eckbert, dass seine Freunde alles über ihn (und Bertha) wissen? Was ist also ein Freund für Eckbert? Sicher nicht einfach ein anderer Mensch, mit dem er eine Reihe von Interessen teilt.

2. Was sucht Eckbert in seinen Freunden? Sich selbst, Gott, ein Echo, eine Antwort ...

3. Bertha hat Geld. Sie hat das Geld auf unsaubere Weise erworben. Eckbert hat damit nichts zu tun. Oder ist er doch schuldig?

4. Eckbert heiratet seine Schwester. Das konnte er ja nicht wissen. Oder gibt es auch hier so etwas wie Schuld?

5. Das Geheimnis: Eckbert kann hypothetisch das Geheimnis auch für sich behalten. Ist das (hypothetisch) eine gute Idee?

6. Wem erzählst du Geheimnisse? Gibt es ein Geheimnis, das du niemandem erzählen willst? Denkst du, in einer Freundschaft / Partnerschaft / in der Liebe dürfen wir Geheimnisse voreinander haben? Ist es vielleicht sogar besser, das eine oder andere Geheimnis für sich zu behalten?

7. Jetzt ist vielleicht der richtige Moment gekommen, um dir einmal das Bild von Kaspar D. Friedrich auf Seite 30 anzusehen. Beschreibe, was du siehst. Hat der Nebel etwas mit Tiecks Geschichte zu tun?